Diccionario Visual Español-Chino

Tuomas Kilpi

OPPIAN

© Tuomas Kilpi 2020

Publicado por Oppian Press
Helsinki, Finland

ISBN 978-951-877-151-0

Índice • 目录

tenedor
叉
cuchillo
刀
plato
盘子
cuchara
汤匙
olla
锅
vaso
水杯

sartén
平底锅

taza
杯子

tetera
茶壶

colador
滤网

espátula
锅铲

frijol
豆子

arroz
米饭

papa
土豆

dátil
枣

té
茶
café
咖啡
manzana
苹果
pera
梨
banana
香蕉

zanahoria
胡萝卜

batata
红薯

ajo
大蒜

cebolla
洋葱

piña
菠萝

fresa
草莓

naranja
橙子

coco
椰子

limón
柠檬

kiwi
奇异果

tomate
西红柿

pepino
黄瓜

frambuesa
覆盆子

albaricoque
杏

uvas
葡萄

papaya
木瓜

melón
甜瓜

ciruela
梅子

mango
芒果

sandía
西瓜

berenjena
茄子

higo
无花果

chile
辣椒

coliflor
菜花

turnip
芜菁

repollo
卷心菜

puerro
韭葱

seta
蘑菇

lechuga
生菜

sal
盐

harina
面粉

azúcar
糖

aceite de cocina
食用油

margarina
人造黄油

leche
牛奶

queso
起司

pan
面包

pasta
意大利面

helado
冰淇淋

galleta
曲奇饼

chocolate
巧克力

hamburguesa
汉堡包

emparedado
三明治

dulces
糖果

pizza
比萨

hombre
男人

mujer
女人

niña
女孩

niño
男孩

abrigo
外套

pantalones
裤子

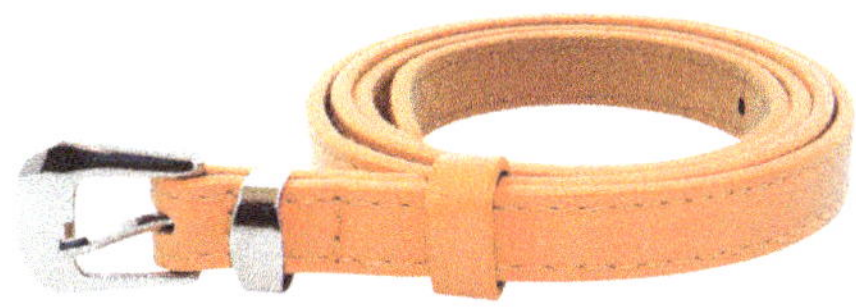

cinturón
腰带

medias
袜子

zapatos
鞋子

camisa
恤衫

falda
裙子

bufanda
围巾

botas
靴子

sombrero
帽子

cordero
羊

pez
鱼

vaca
牛

gato
猫

cerdo
猪

perro
狗

gallina
鸡

huevo
蛋

liebre
野兔

oso
熊

ardilla
松鼠

rata
老鼠

lobo
狼

zorro
狐狸

alce
驼鹿

serpiente
蛇

caracol
蜗牛

araña
蜘蛛

rana
青蛙

avispa
黄蜂

abeja
蜜蜂

mosca
苍蝇

mosquito
蚊子

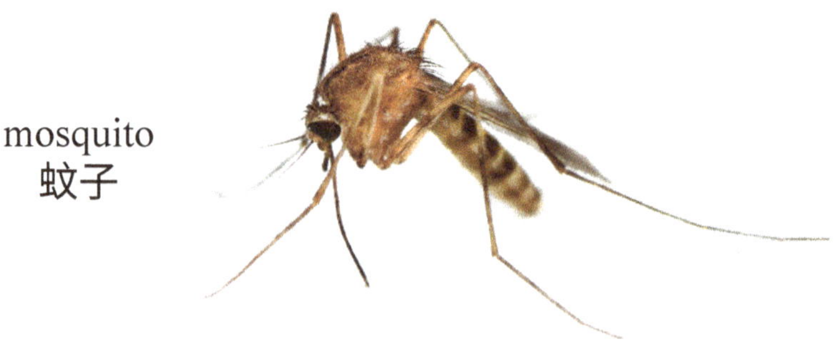

cuarto de baño
浴室

cocina
厨房

dormitorio
卧室

sala de estar
客厅

techo
天花板
ventana
窗户
pared
墙壁
piso
地板

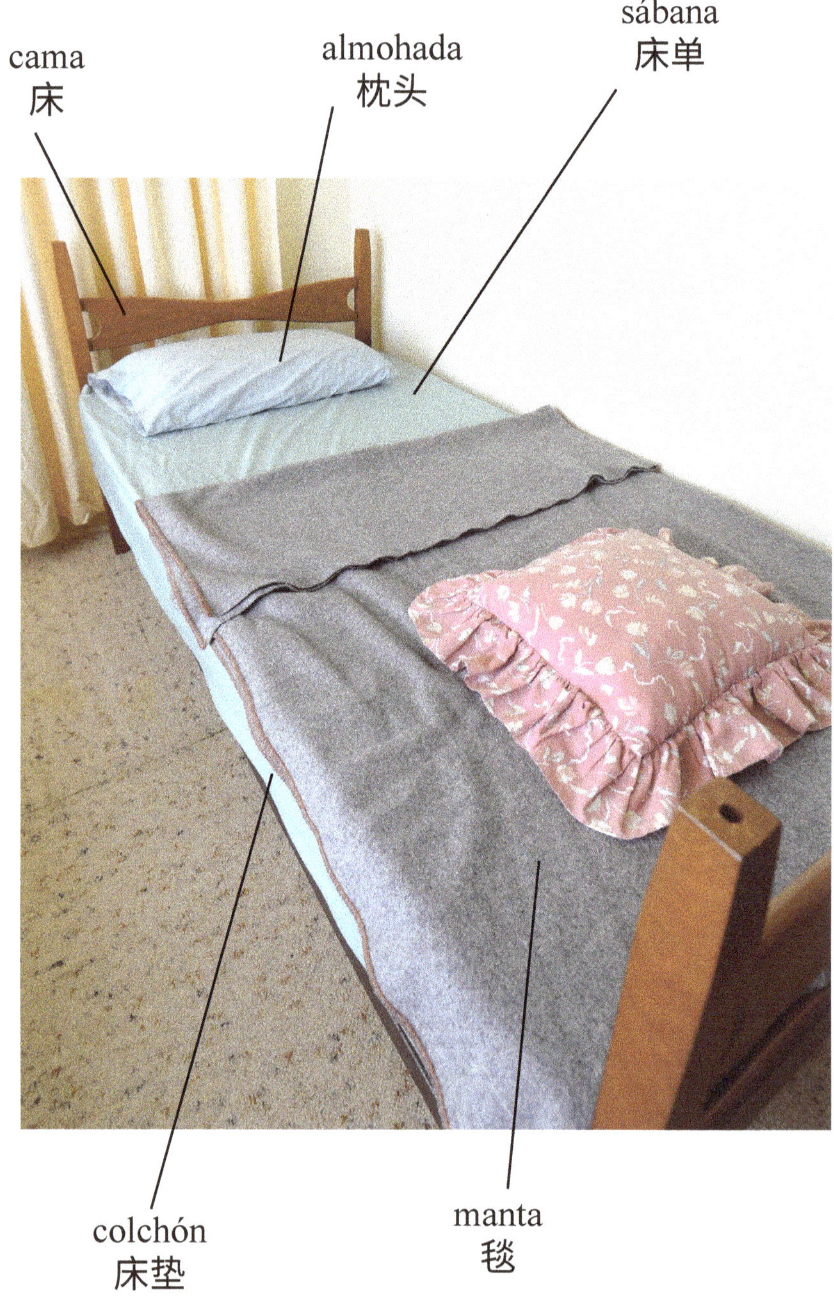

cama
床
almohada
枕头
sábana
床单
colchón
床垫
manta
毯

alfombra
地毯
paraguas
雨伞
lámpara
灯
mesa
桌子
silla
椅子

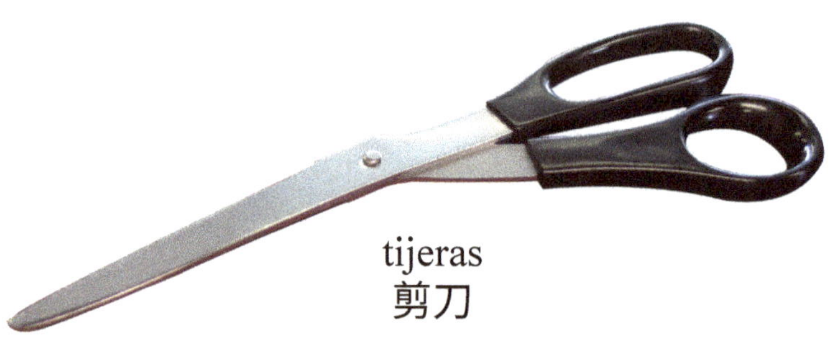

tijeras
剪刀

sobre
信封

cinta adhesiva
胶带

paquete
邮包

sello
邮票

jabón
肥皂

papel higiénico
卫生纸

cepillo de dientes
牙刷

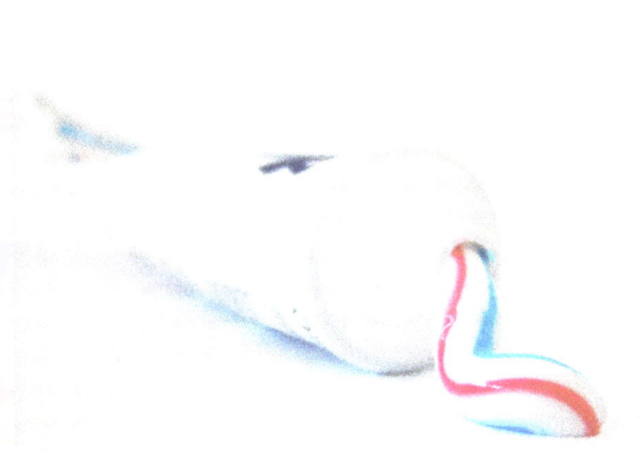

dentífrico
牙膏

cepillo
刷子

peine
梳子

hilo dental
牙线

desodorante
止汗剂

báscula
磅秤

rasuradora eléctrica
电动剃须刀

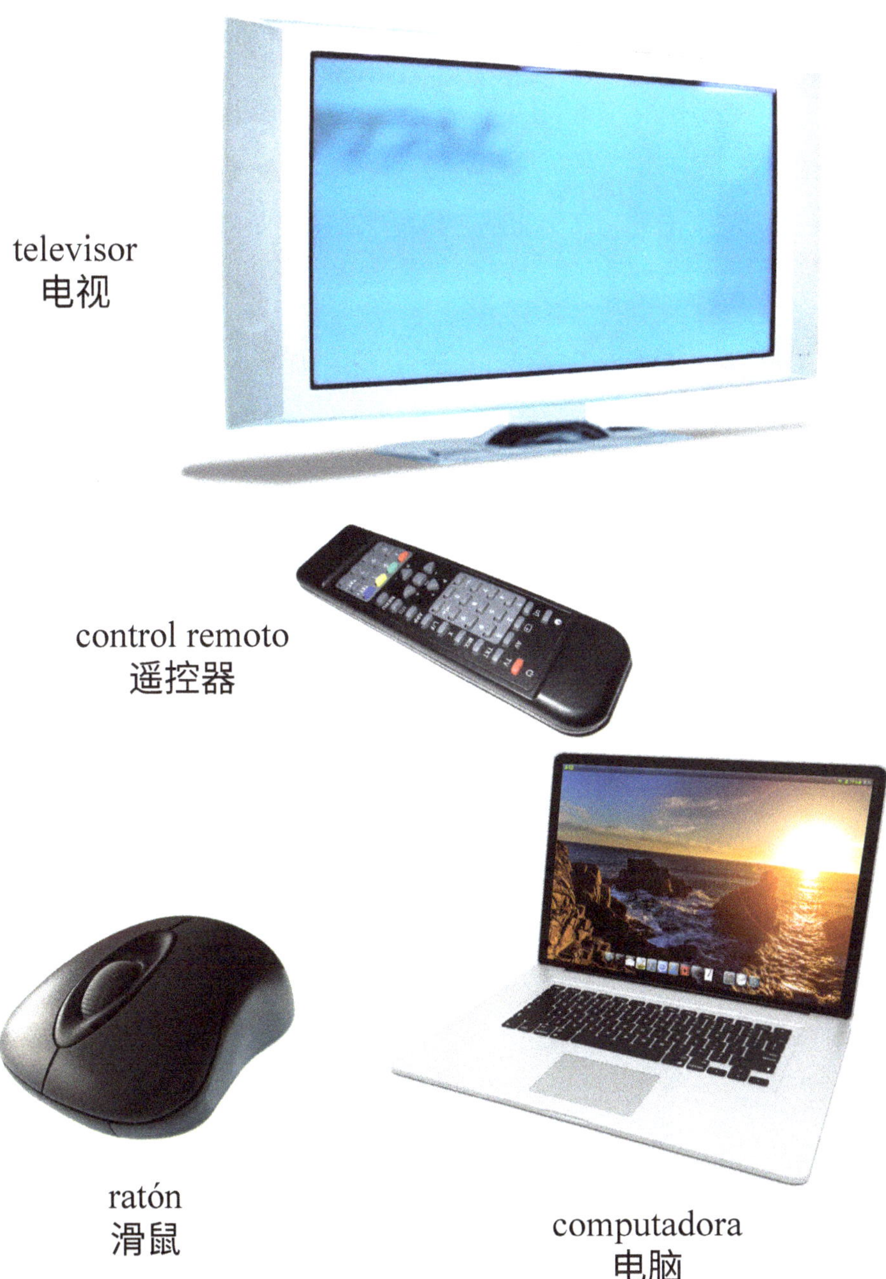

televisor
电视

control remoto
遥控器

ratón
滑鼠

computadora
电脑

tarjeta de memoria
记忆棒

impresora
打印机

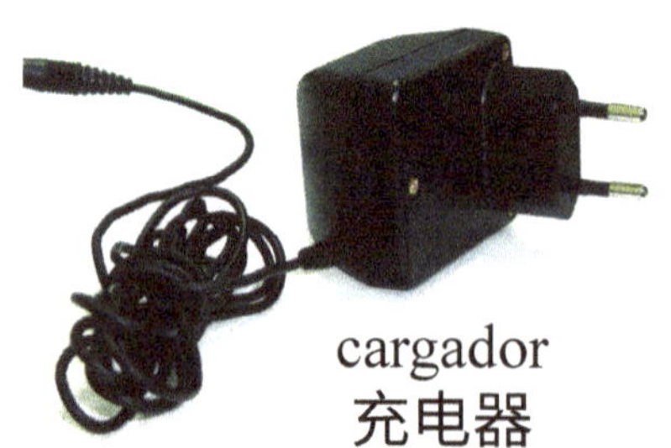

cargador
充电器

teléfono
电话

estufa
炉灶

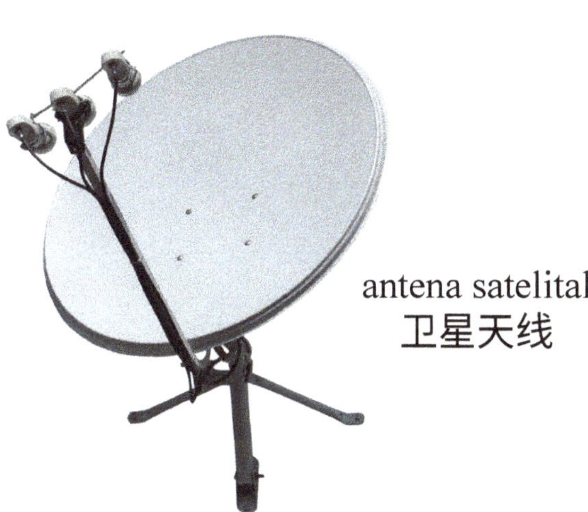

antena satelital
卫星天线

auriculares
头戴式耳机

radio
收音机

libro
书

tenedor
地图

linterna
手电筒

cinta métrica
卷尺
pala
铲
rastrillo
耙
pinzas
钳
serrucho
锯

tarro
玻璃罐

frasco
瓶子

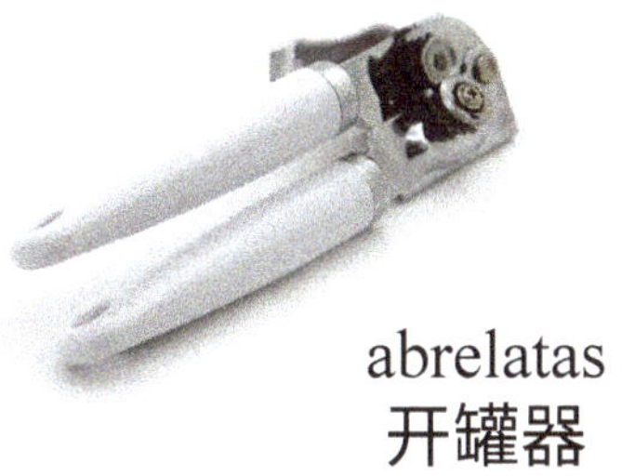

abrelatas
开罐器

destapador
开瓶器

lata
罐头

refrigerador
冰箱

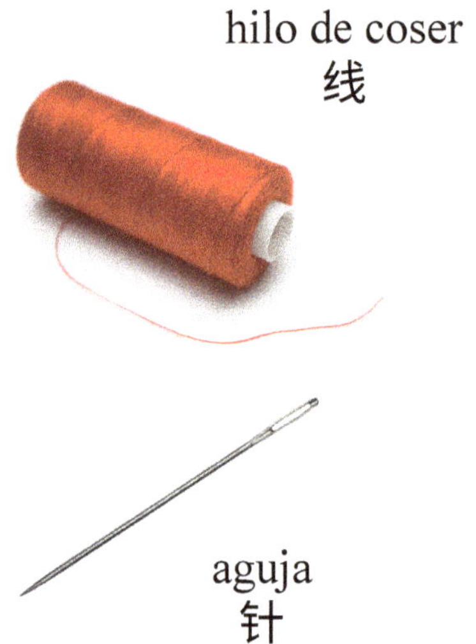

hilo de coser
线

aguja
针

pinza de ropa
衣服夹子

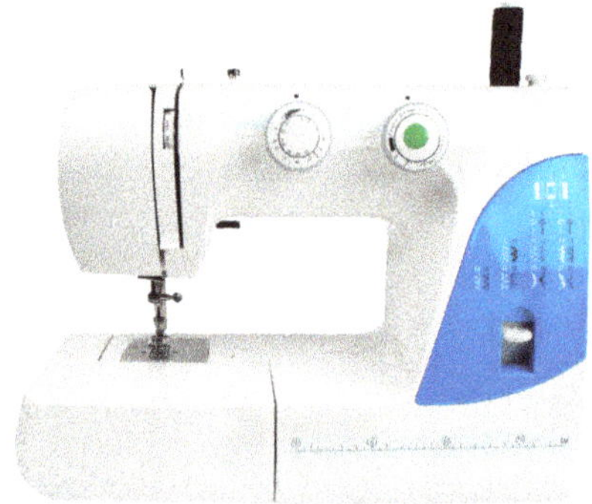

máquina de coser
缝纫机

microondas
微波炉

llave
钥匙

calculadora
计算器

gafas
眼镜

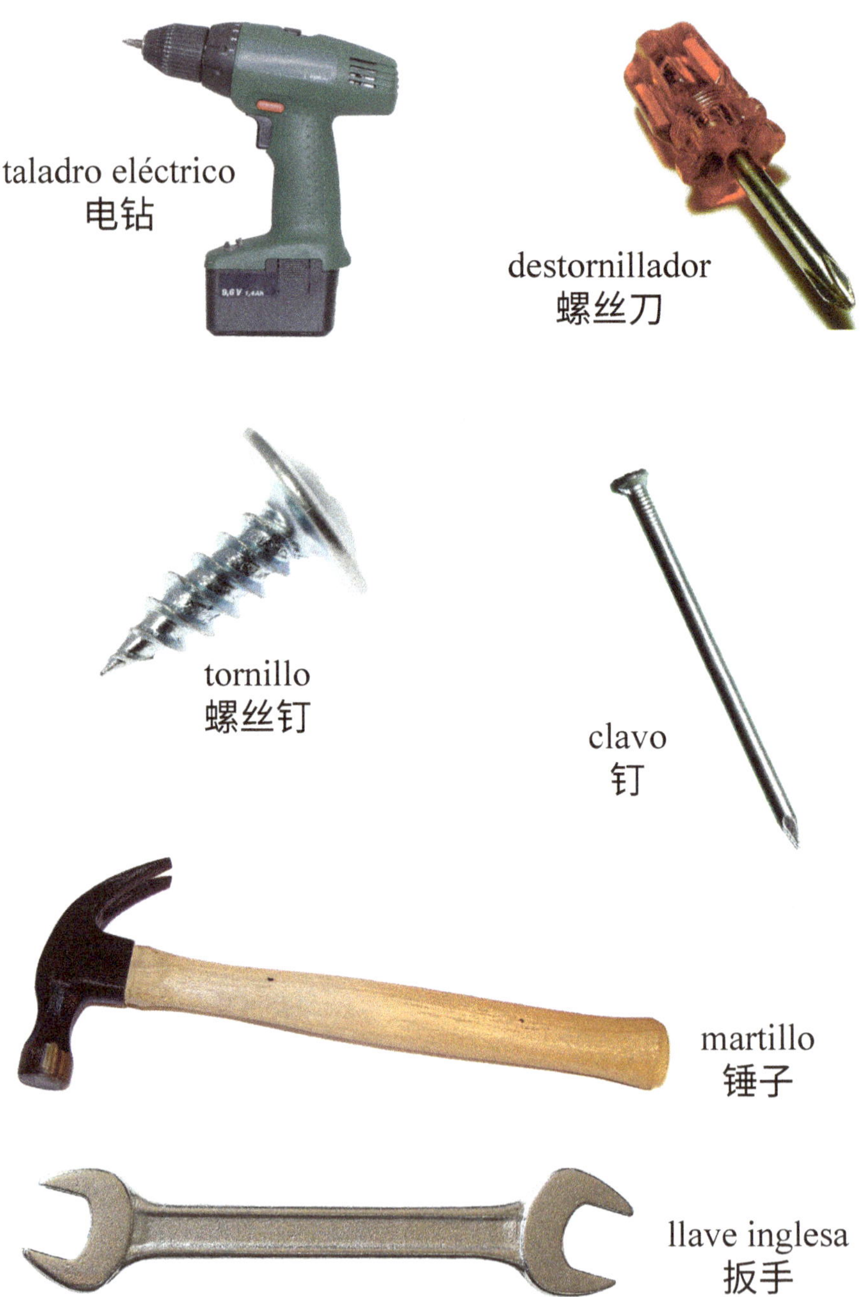

taladro eléctrico
电钻
destornillador
螺丝刀
tornillo
螺丝钉
clavo
钉
martillo
锤子
llave inglesa
扳手

tarjeta de crédito
信用卡

cartera
钱包

billete
钞票

moneda
硬币

horario
时间表

pasaporte
护照

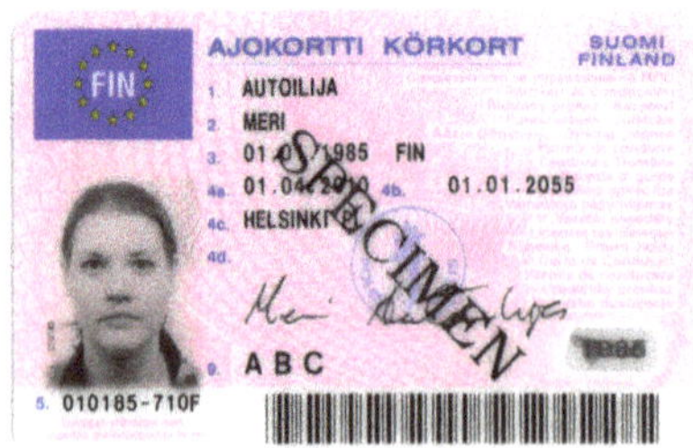

licencia de conducir
驾驶执照

tenedor
指纹

violín
小提琴

saxo
萨克斯风

tambor
鼓

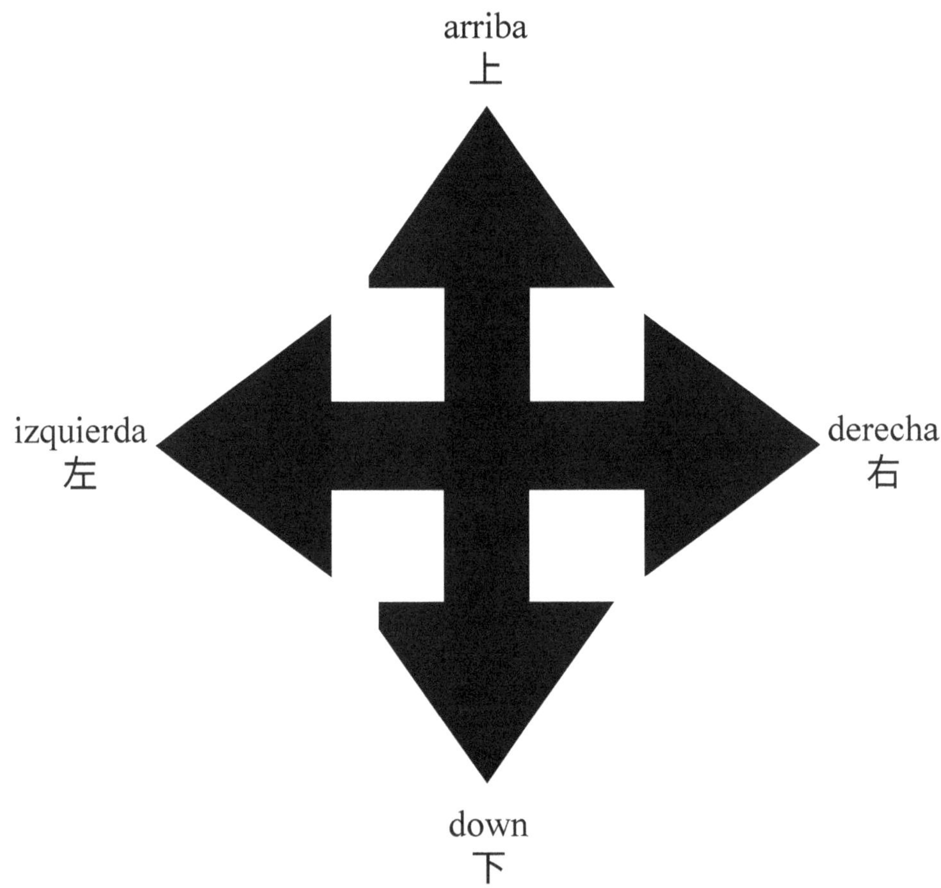

arriba
上
izquierda
左
derecha
右
down
下

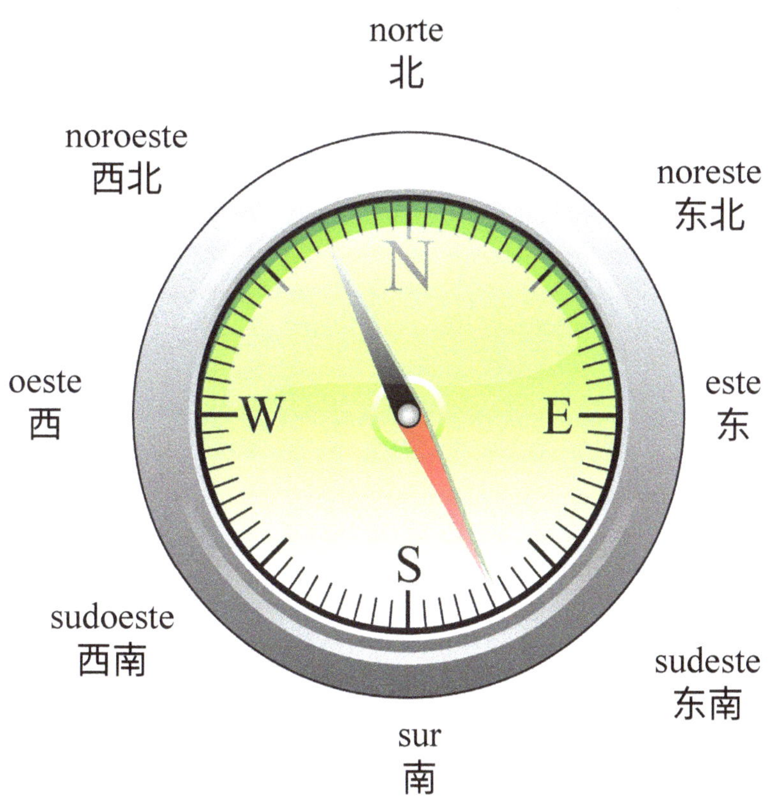

norte
北
noroeste
西北
noreste
东北
oeste
西
este
东
N
W
E
S
sudoeste
西南
sudeste
东南
sur
南

bolso
单肩包

maletín
公文包

bolsa plástica
塑料袋

mochila
背包

bolígrafo
笔

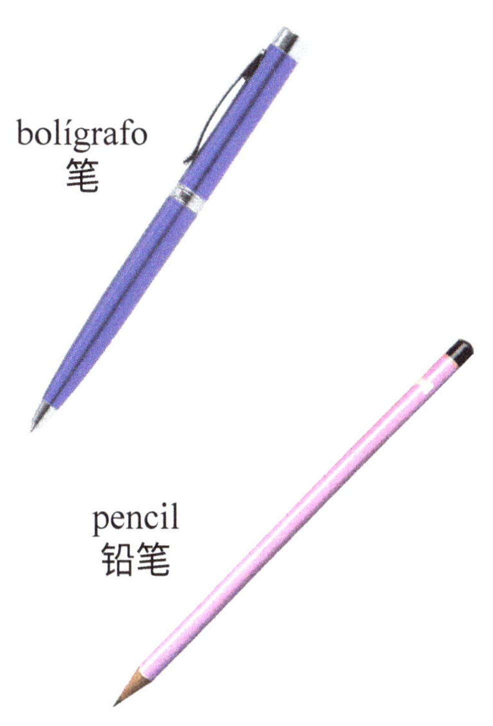

pencil
铅笔

regla
尺子

cuaderno
笔记本

goma de borrar
橡皮擦

auto
车

autobús
公交车

furgoneta
货车

tren
火车

tranvía
电车

motocicleta
摩托车

bicicleta
自行车

aeroplano
飞机

motoneta
小型摩托车

barco
船

helicóptero
直升机

camión
卡车

semáforo
红绿灯

señales de tránsito
交通标志

paso peatonal
斑马线

gasolinera
加油站

parada de autobús
公交车站

aspiradora
吸尘器

lavavajilla
洗碗机

fregona
拖把

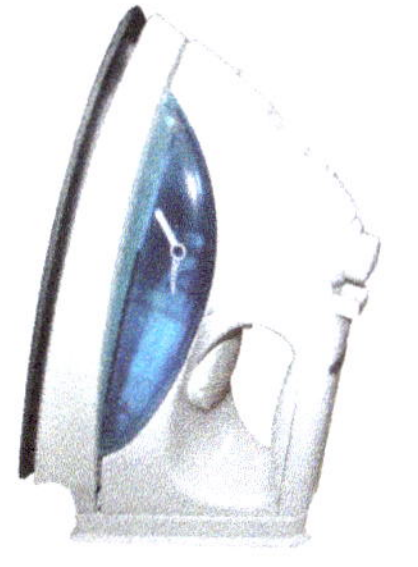

plancha
熨斗

lavadora
洗衣机

tabla de planchar
烫衣板

cepillo para platos
洗碗刷

esponja
清洁海绵

cleaning cloth
清洁布

pala
垃圾铲

escoba
扫帚

rociador
喷雾瓶

cubo
水桶

cuna
婴儿床

sonajero
小拨浪鼓

pañal
尿布

chupete
奶嘴

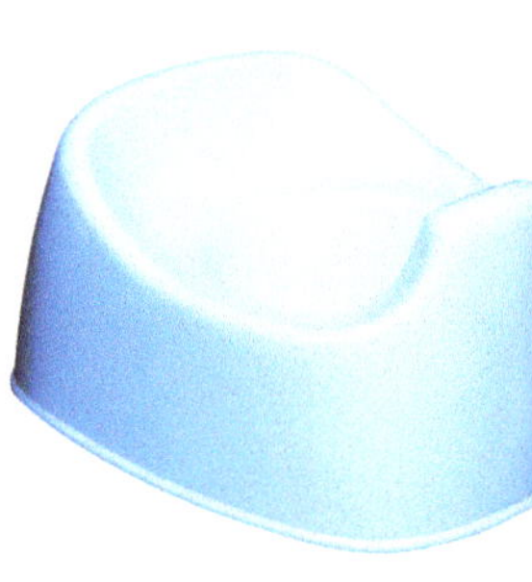

bacinilla
便壶

coche de bebé
婴儿车

biberón
婴儿奶瓶

muñeco
娃娃

pelota
足球

cometa
风筝

dado
骰子

consola de juegos
游戏机

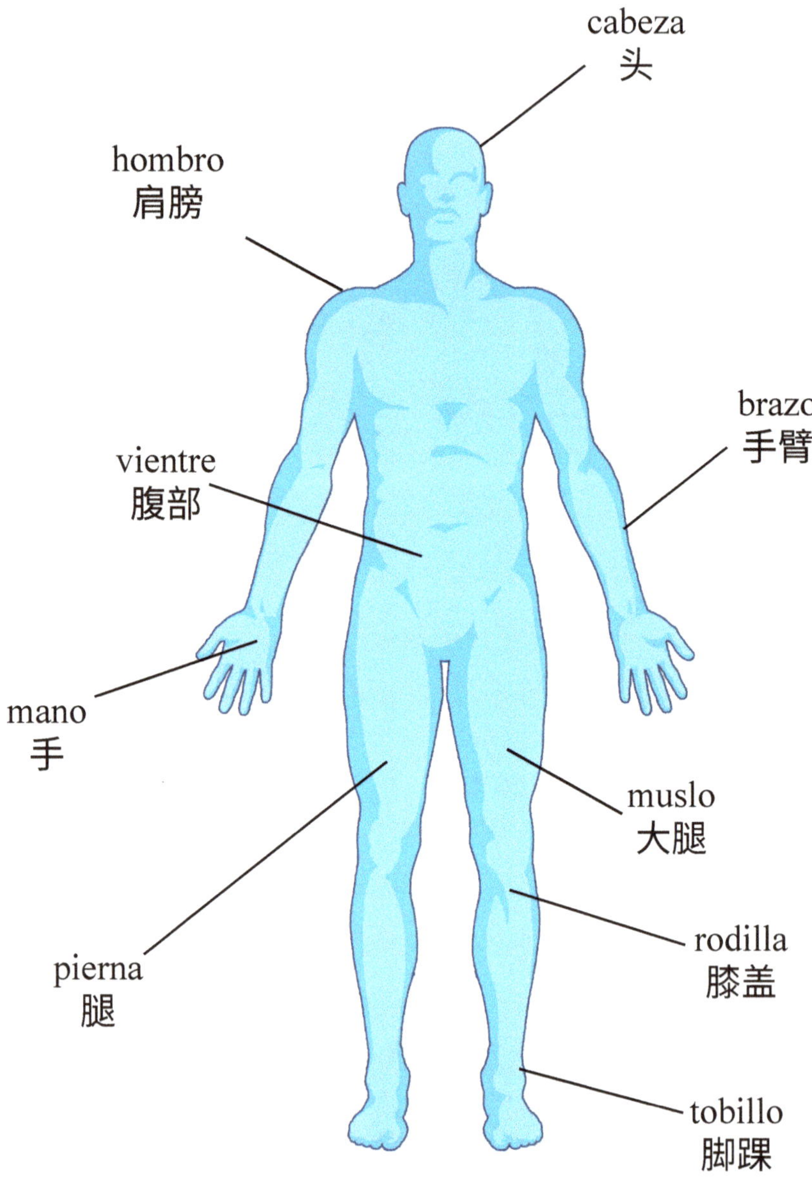

cabeza
头
hombro
肩膀
brazo
手臂
vientre
腹部
mano
手
muslo
大腿
pierna
腿
rodilla
膝盖
tobillo
脚踝

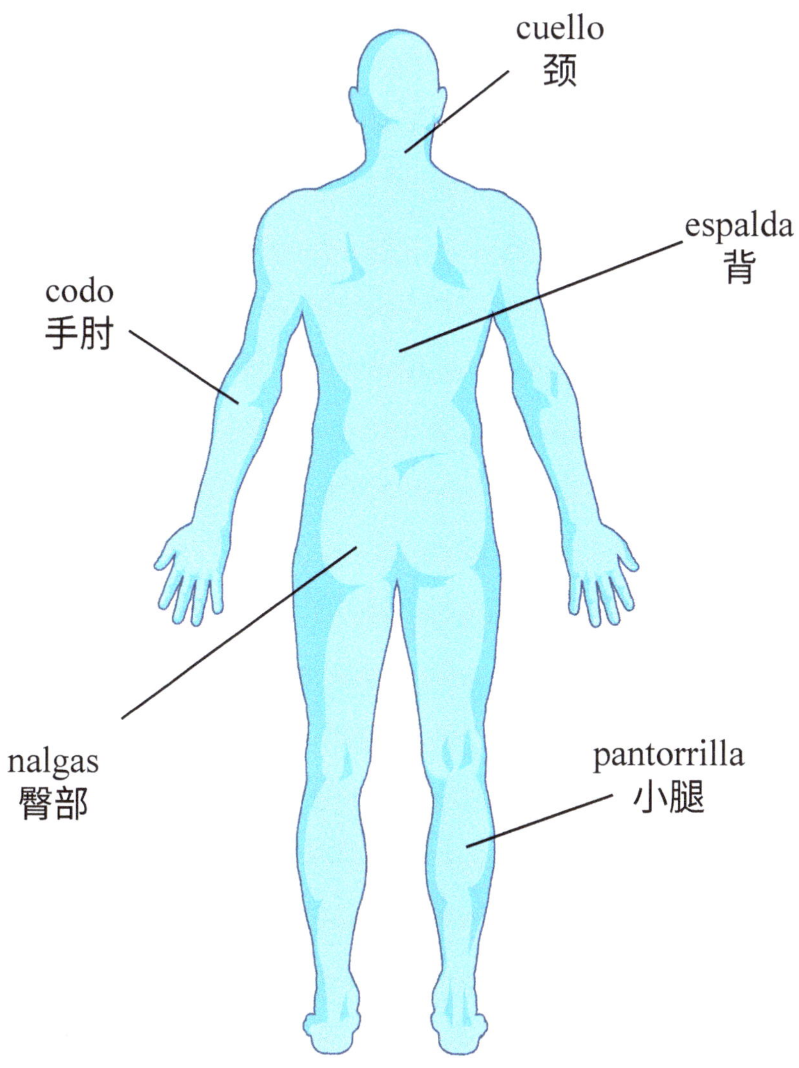

cuello
颈
espalda
背
codo
手肘
nalgas
臀部
pantorrilla
小腿

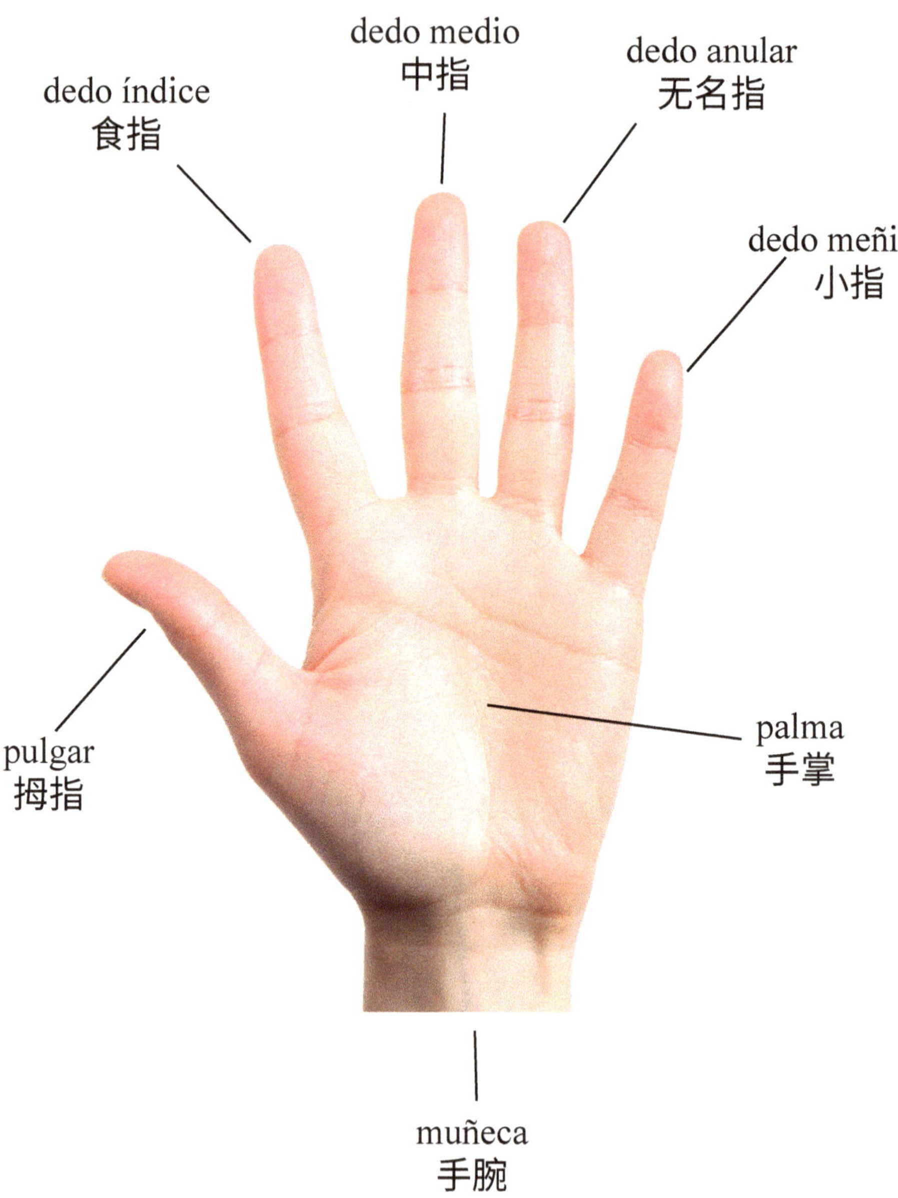

dedo medio
中指
dedo anular
无名指
dedo índice
食指
dedo meñique
小指
pulgar
拇指
palma
手掌
muñeca
手腕

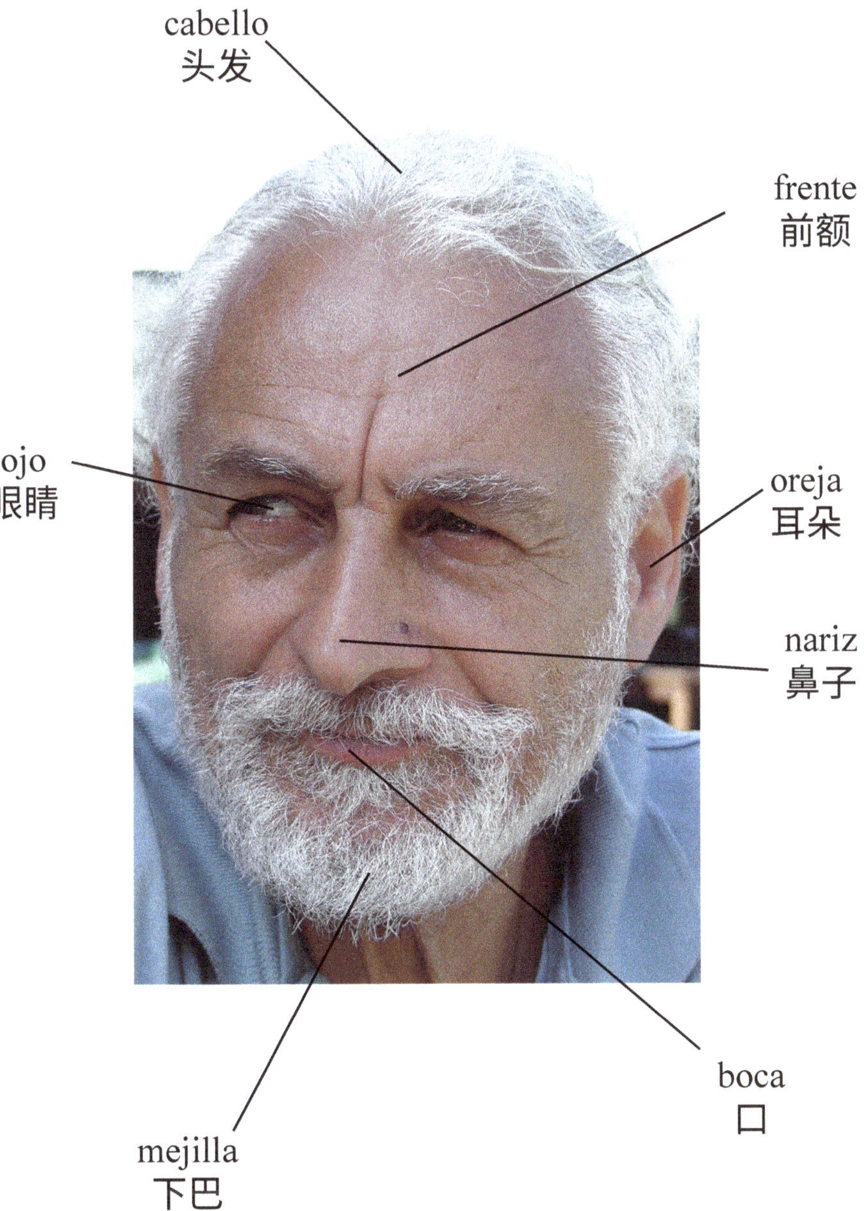

cabello
头发
frente
前额
ojo
眼睛
oreja
耳朵
nariz
鼻子
boca
口
mejilla
下巴

pharmacy
药店

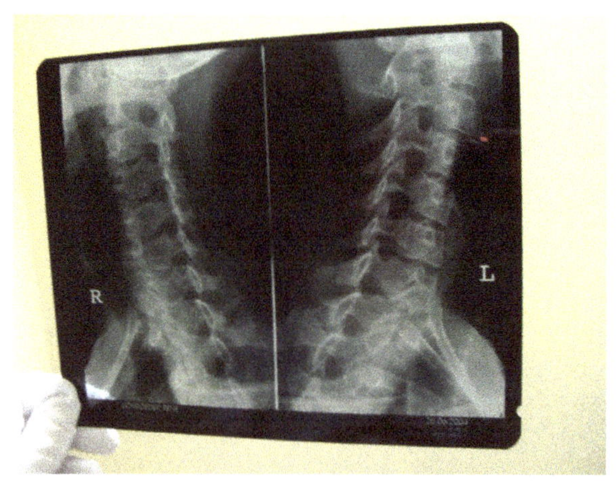

x-ray image
X射线图像

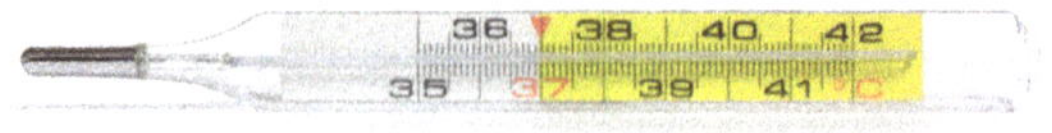

thermometer
体温计

ambulancia

救护车

jeringa
注射器

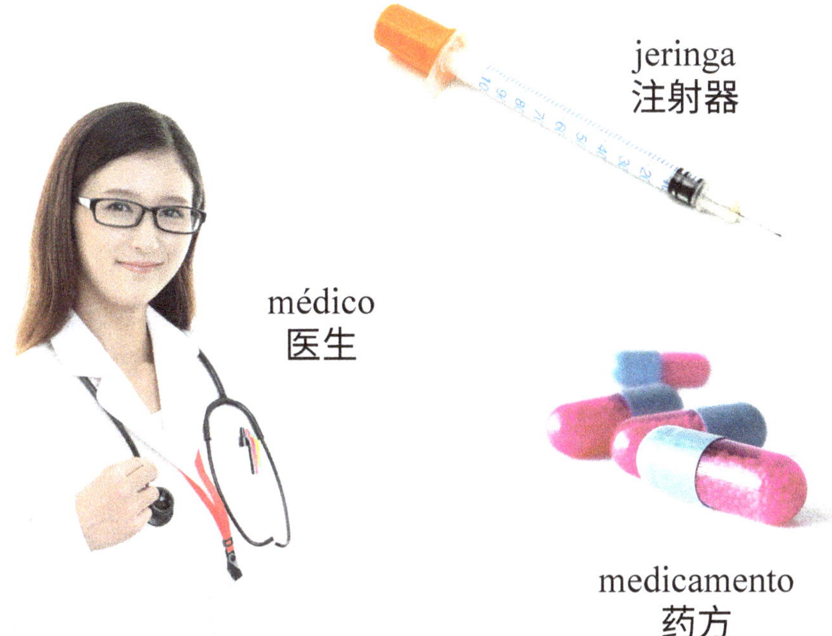

médico
医生

medicamento
药方

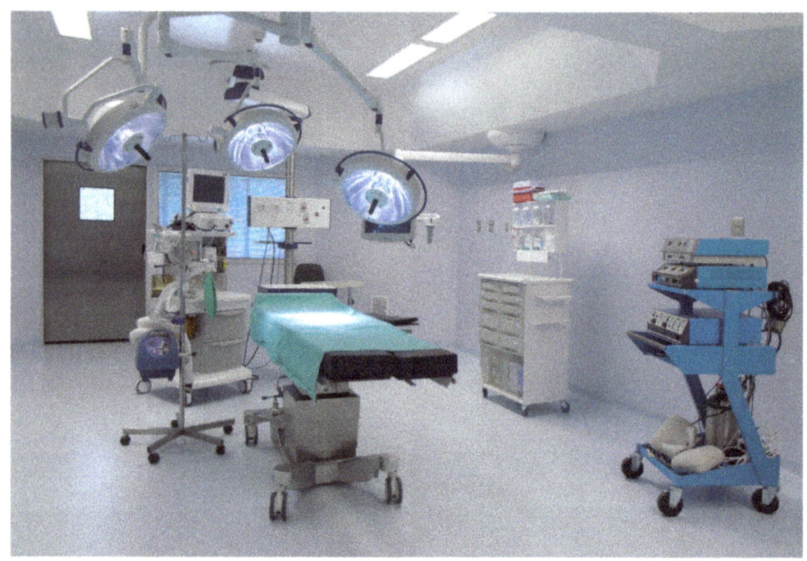

quirófano

手术室

dentista
牙医

paciente
患者

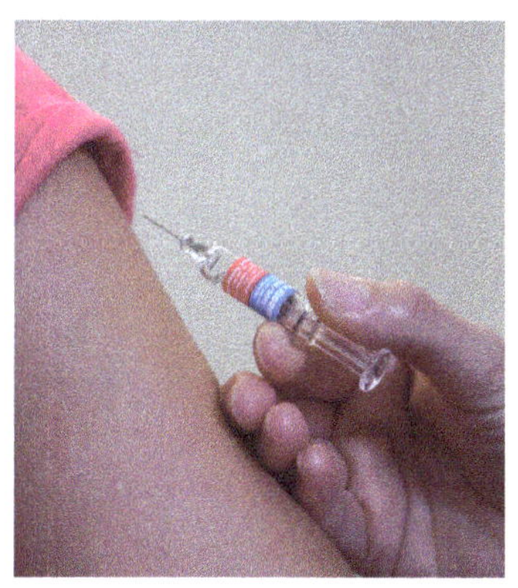

vacunación
接种疫苗

hospital
医院

apósito
创可贴

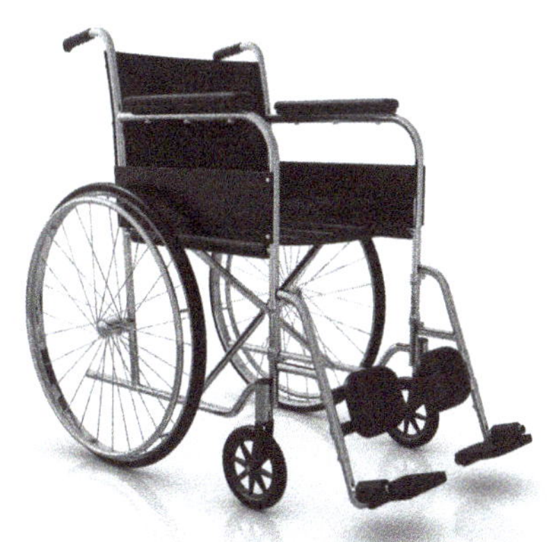

silla de ruedas
轮椅

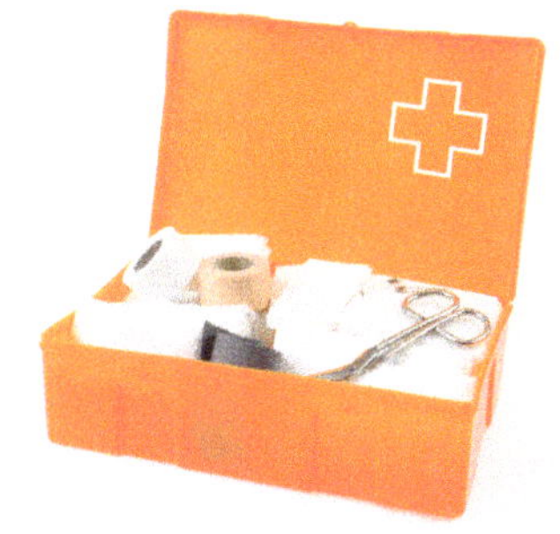

botiquín de primeros auxilios
急救箱

comer
吃

beber
喝

caminar
走

sentarse
坐

hablar
说话

reír
笑

llevar
携带

estar de pie
站立

sonreír
微笑

limpiar
清洁

cocinar
做饭

estornudar
打喷嚏

llorar
哭

abrazar
拥抱

dormir
睡觉

saltar
跳

correr
跑步

nadar
游泳

leer
阅读

enseñar
教

jugar

玩

escribir

写

cuadrado
正方形

triángulo
三角形

rectángulo
长方形

círculo
圆圈

elipse
椭圆

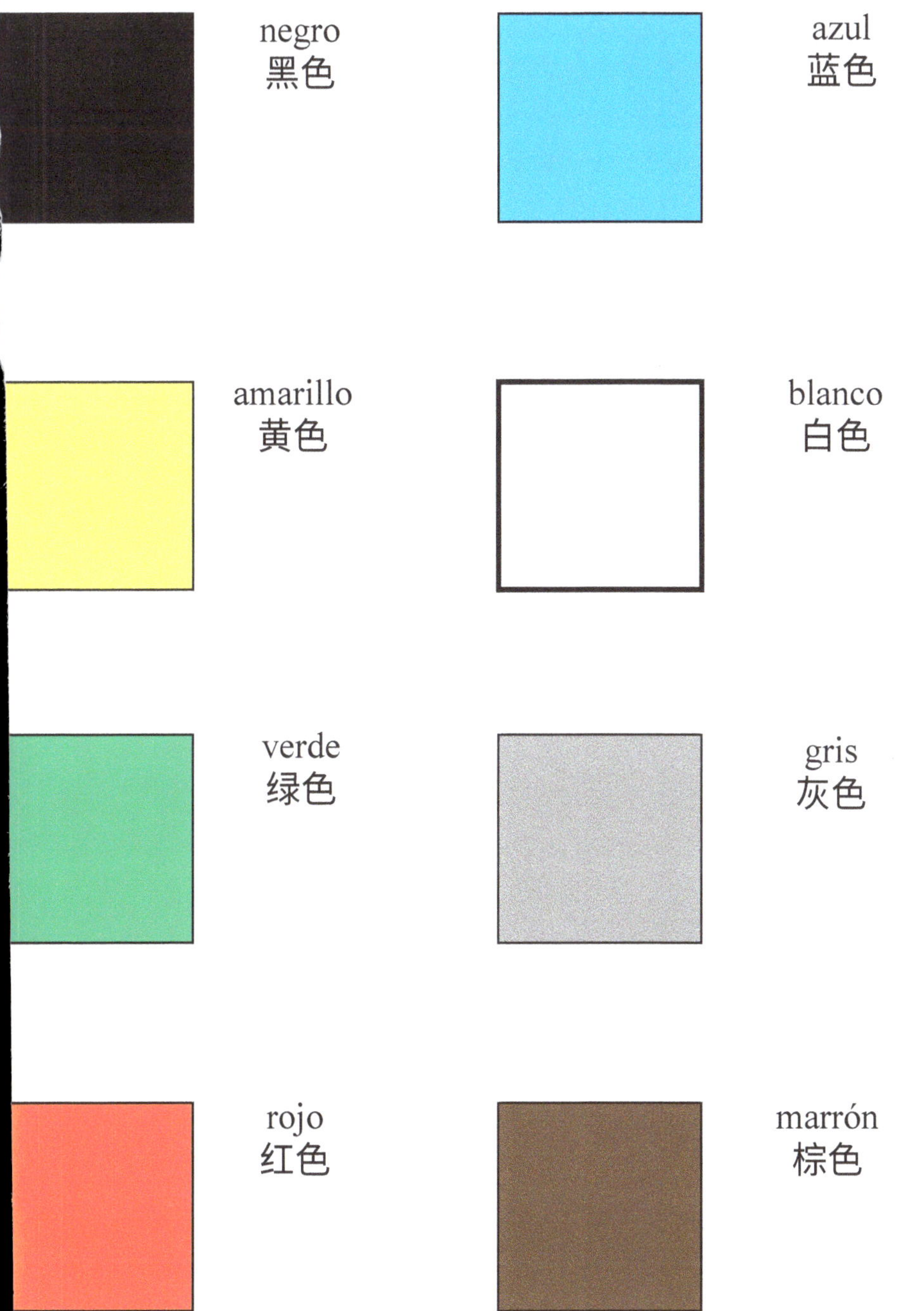

negro
黑色
azul
蓝色
amarillo
黄色
blanco
白色
verde
绿色
gris
灰色
rojo
红色
marrón
棕色

feliz
快乐

enojado
愤怒

inseguro
不确定

sorprendido
惊讶

confundido
困惑

alentador
支持

pensativo
周到

dubitativo
疑惑

grande
大

pequeño
小

rápido
快

lento
慢

bueno
好

malo
坏

liviano
轻

pesado
重

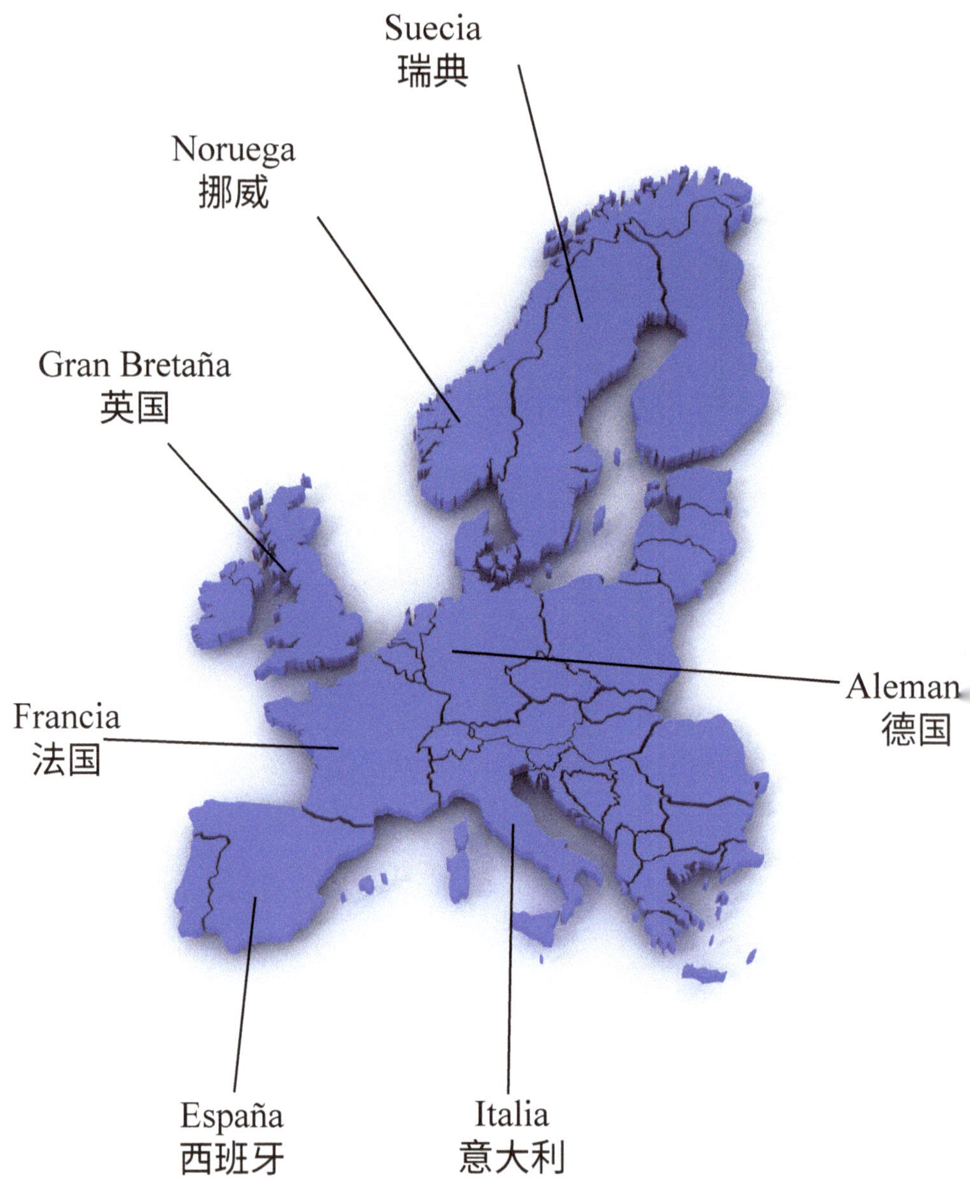

Suecia
瑞典
Noruega
挪威
Gran Bretaña
英国
Aleman
德国
Francia
法国
España
西班牙
Italia
意大利

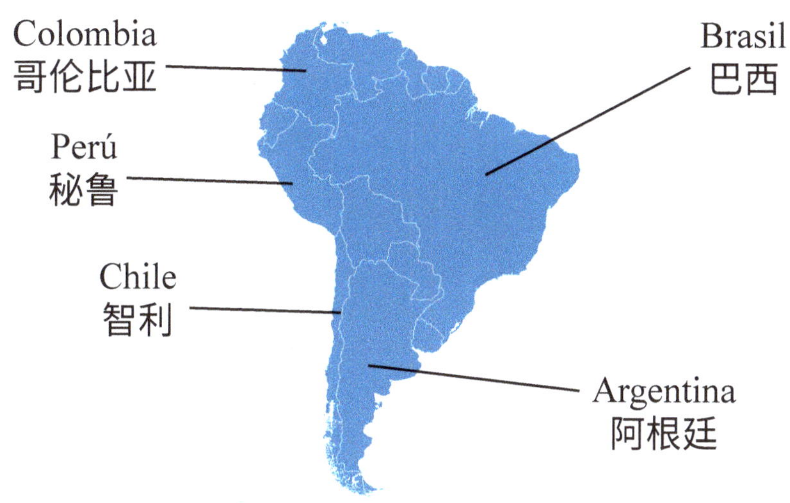
Colombia
哥伦比亚
Perú
秘鲁
Chile
智利
Brasil
巴西
Argentina
阿根廷
América del Norte 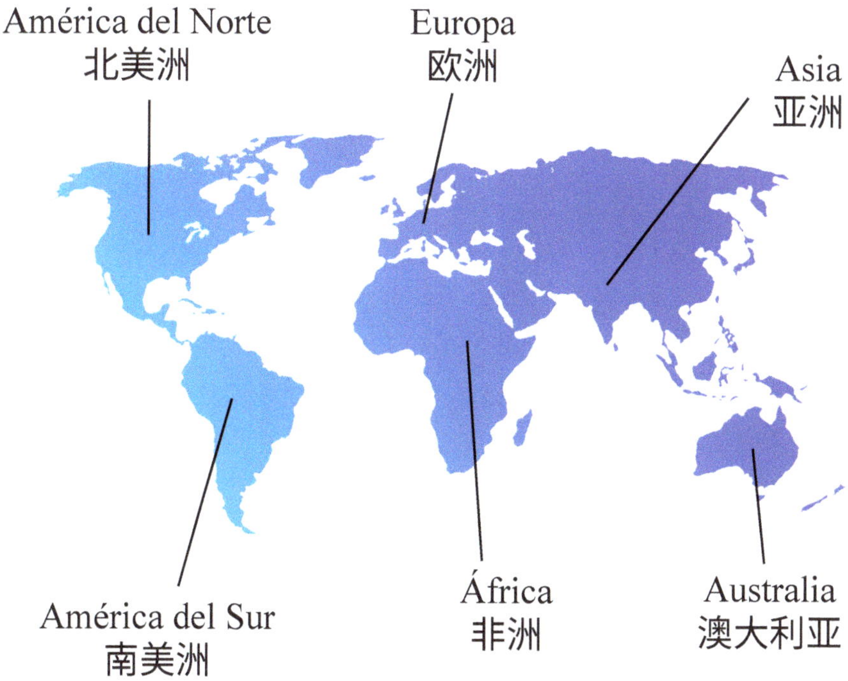
北美洲
Europa
欧洲
Asia
亚洲
América del Sur
南美洲
África
非洲
Australia
澳大利亚

primavera
春天

verano
夏天

otoño
秋天

invierno
冬天

peluquera
美发师

florista
花匠

limpiador
清洁工人

cocinera
厨师

camarera
女服务员

música
音乐家
guitarra
吉他
altavoz
玻璃罐

micrófono麦克风

reportero
记者

maestro
老师

maestra
老师